50

Dem schönsten, klügsten, liebenswertesten,
charaktervollsten, zuverlässigsten und humorvollsten
Menschen, den die Welt je gesehen hat.

Herzlichen Glückwunsch!

Du bist wirklich keine Halbjahrhundertjährige, viel eher eine fünfmal Zehnjährige die nun im Zenit ihres Lebens steht, in einer Lebensstufe, die viele Menschen besonders bewegt, nämlich exakt in der Mitte ihres Lebens. Und grade die Mitte ist bei Mutter Natur von besonderer Bedeutung, vieles Erstrebens- und Begehrenswertes versteckt sie doch im Zentrum: Das Eidotter, das Artischockenherz, die Kokosmilch, um nur einiges Leckeres zu nennen – und nun also du! Du aber versteckst dich nicht, stolz und strahlend trägst du das Bewusstsein in dir, jetzt in der Blüte deines Lebens zu stehen und dich schamlos von deinen Lieben feiern und verwöhnen zu lassen. Richtig so!! Ab morgen dann knabberst du schon mal an deiner zweiten Lebenshälfte. Meinetwegen auch an deinem Partner, Hauptsache, du bist glücklich.

Dazu gratulieren dir von ganzem Herzen, dein/deine

Musst du denn jedem Menschen sagen, dass du Geburtstag hast!?
BURCHKOWG

Sie kommen!

Da naht der Tross der Gratulanten,
voll guter Laune, und Verwandten,
mit großen Gaben und Geschenken
in prallen Taschen an Gelenken.

Sie freuen sich auf Trank und Speis,
auf Cocktails und Vanilleeis,
sie freuen sich auf volle Teller,
und lecker Weine aus dem Keller.

Sie schleppen sich durch Wind und Wetter,
die Tanten, Onkels und der Vetter,
und vorne trägt ein Freund die Torte,
nun öffne endlich deine Pforte!

Herzlichen Glückwunsch!!
BUTSCHKOW

FRAGEN?

Ja, natürlich! Grade der runde Geburtstag ist von großer psychologischer Bedeutung. War es bisher immer nur ein Jahressprung, ist es nun gleich ein Zehnjahressprung – und schlagartig fühlt man sich so. Unsere Expertin in Geburtstagsfragen, Frau Dr. Weiß-Beschaid, antwortet hier auf alle Fragen.

1

Fünfzig ganze Jahre,
ich glaub es nicht.
Was kann ich dagegen tun?
Sylvia Tengelnutz-Habib

Liebe Sylvia,
Kopf hoch und die Schultern nach hinten, Augen geradeaus, die Hände resolut in den Hüften und freundlich lächeln – so siehst du deinem neuen Alter am besten entgegen. Du wirst sehen, es klappt prima. Speziell die Fünfzig ist sehr empfindlich, wenn sie nicht geliebt wird. Aber wer kennt das besser als du? Viel Glück euch beiden!

2

Zu meinem Geburtstag wollte ich genau fünfzig Gäste einladen, nun aber hat meine Freundin Beate abgesagt, weil sie an dem Tag mit ihrem Chef zu einer Fortbildung ins Golfhotel Lovemaker muss. Jetzt sind es nur noch neunundvierzig Gäste. Ich bin ganz verzweifelt. Kann man sich in diesem Fall auch einen Gast mieten?

Sonja Jaap

Liebe Sonja,
aber natürlich. Wende dich an Special-Birthday-Guest-Service in Glücksburg, sie sind spezialisiert für solche Fälle und haben ein internationales Angebot. Du findest sie auch im Internet unter www.zu-wenig-gaeste.de

3

Mein Mann sagt, ich soll zu meinem fünfzigsten Geburtstag eine Rede halten. Er halte diesen Augenblick für sehr bedeutsam und sähe darin auch die günstige Gelegenheit für mich, mal mit allen Freunden und Verwandten abzurechnen. Nun sitzt er schon Tag und Nacht an einem Entwurf, bisher sind es neunundvierzig Seiten. Mir ist nicht recht wohl dabei. Wie verhalte ich mich?

Irmgard Franz-Branntwein

Liebe Irmgard,
warum hält dein Mann diese Rede nicht lieber an seinem eigenen Geburtstag? Er will dich nur für seine eigenen Abrechnungen benutzen. Sollte er gar keine Ruhe geben, so schlage ich einen Kompromiss vor: Du singst den Text. Das wirkt auch verdaulicher, zudem weniger hart, und die Gäste schlafen besser ein. Viel Erfolg! Und erzähl mal, wie es ausgegangen ist!

Der Zauber der Blumen wird Männern ewig verborgen bleiben.

„Wie mundet Ihnen mein Birthday-Special, lieber Freund?"

Dein Leben

Eine Zwischenbilanz in Zahlen

Gelebte Tage: 17 550

Verschlafene Tage: 8 912

Gearbeitete Tage: 6 196

Krankentage: 269

Geburtstage: 50

Feiertage: 1 101

Konflikte: 1 507

Davon angezettelt: 1 507

Partner: 1

Alternative Partner: 7

Sex in Stunden: 3 132

Erfüllte Versprechen: 925

Gebrochene Versprechen: 327

Geglückte Vorhaben: 185

Missglückte Vorhaben: 47

Gute Vorsätze: 1 099

Gebrochene Vorsätze: 698

Gelacht: 3 318

Geweint: 329

So buchstabiert man:

GEBURTSTAG

G - GLÜCK
E - ERFÜLLUNG
B - BEFÖRDERUNG
U - UMSICHT
R - REICHTUM
T - TRAUMJOB
S - SCHÖNHEIT
T - TREUE
A - ABENTEUER
G - GEBORGENHEIT

„Aber Der-nie-was-mitbringt kommt mir nicht ins Zelt!"

Deine Umfragewerte!

73%

antworteten
auf die Frage:

„Hat sie Stil?"

JA!

99%

antworteten
auf die Frage:

„Ist sie eine
gute Freundin?"

JA!

100%

antworteten
auf die Frage:

„Würdest du dir
von ihr Geld leihen?"

JA!

49%

antworteten
auf die Frage:

„Kommt sie dir manch-
mal spanisch vor?“

SI!

79%

antworteten
auf die Frage:

„Kann man essen,
was sie kocht?“

JA!

99%

antworteten
auf die Frage:

„Ist sie pünktlich?“

NEIN!

Die selbstbewusste Fünfzigjährige in ihrer Domäne.

Nordlichter

Zur Premiere der neuen Geburtstags-Klamotte „Mudda wird fofftich!“ strömte das Publikum mit der Flut in die gute Stube der Hallig-Theatergruppe „Die Krabbenknutscher“.

Dreizehn begeisterte Zuschauer konnten nicht genug bekommen. Wie immer der Hit: Fiete Flundersen als Anlegeberater und Maike Maiksen als Oma Köhm.

Karten gibt es in allen Häfen und auf den Fähren.

Beginn nach den Gezeiten.

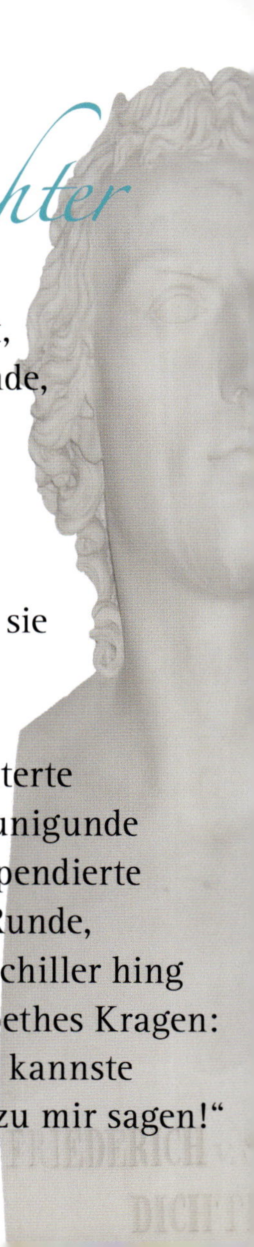

Die dichten Dichter

Zum Geburtstag
goss Herr Goethe
sich den Rheinwein
auf die Tröte.
Auch Herr Schiller
war im Bunde,
er kam in später
Abendstunde.

Um Mitternacht,
aus vollem Munde,
rief die Wirtin
Kunigunde:
„Letzte Runde,
werte Dichter!“,
und dann losch sie
alle Lichter.

Da fauchte Goethe
aus der Ecke:
„Auf dass euch meine
Faust gleich schmecke!“
Auch Schiller drohte
mit den Räubern:
„Die werden eure
Bude säubern!“

Da zitterte
die Kunigunde
und spendierte
eine Runde,
und Schiller hing
an Goethes Kragen:
„Jetzt kannste
Fridi zu mir sagen!“

Der Verkehr wird immer schlimmer!
Bei dir auch?!
BUTSCHKOW©

Tragödien des Alltags

Was sah die kleine Biene,
in Oma Krauses Haus?
Sie sah die Vitrine,
mit dem Geburtstagsstrauß!

Sie schoss mit ganzem Leibe,
in Richtung Blütenspeise,
nur war da noch die Scheibe,
und das war ziemlich scheise.

Oh Gott! Ich hab ja heute Geburtstag!!
Gratuliere!
BUTSCHKOW

SELBSTVERSUCH

Wer kennt das nicht? Du willst von einem Schauspieler erzählen, den du total süß findest, und dir fällt sein Name nicht ein? Auch ein Film, in dem er dir besonders gut gefallen hat, du kommst nicht drauf. Auch den Namen der Schauspielerin, die darin mitgespielt hat, hast du vergessen. Und den Titel des Films weißt du schon gar nicht. Es war irgendwas mit A oder Z, oder P? Ab fünfzig gehts abwärts, denkst du? Nein, bleib ruhig, das ist noch lange nicht besorgniserregend, schließlich hattest du als junges Mädchen auch immer vergessen, wann du zu Hause sein solltest, also? Jeder kennt solche Momente, kleine Aussetzer – aber es ist nie schlecht, sein Hirn zusätzlich ein wenig zu trainieren.

Also, bitte: Lies dir in fünf Minuten diese kleine Geschichte durch. Präge dir die Figuren und Schauplätze gut ein, dann klappe die Seite um und beantworte in fünf Minuten die Fragen. Die Auswertung überlassen wir dir. Fair geht vor!

Lotta von Schwenningen, ausgewiesene Kräuterdompteurin und die letzte ihrer Art, betrat die Bühne. Das Hummelsbacher Colosseum war bis zum letzten Platz gefüllt. Tosender Applaus brach an. Bürgergeselle Vanzaanten trat an den Bühnenrand und beruhigte die tobende Masse, ihm zur Seite warf Kulturreferent Öpperkant-Lindenrost Kusshände ins Publikum. Vanzaanten hielt eine kurze Rede, die er nach vierzig Minuten mit dem Satz beendete: „Und nun sehen Sie die große Lotta mit ihrer sensationellen Bärlauchdressur!" Was dann kam, unfassbar. Lotta, obwohl noch vom Jetlag geplagt, schließlich hatte sie mit dieser Nummer zwei Tage zuvor im „Cäsars Dampfbad" in Las Vegas vor Senatoren und Lobbyisten komplett abgeräumt, war ganz bei der Sache und schaffte es, gegen jede Vorstellbarkeit, einen scheuen Bärlauch aus seinem Kräuterbeet zu locken. Eine Leistung, die einen stumm macht.

AUSWERTUNG VOM SELBSTVERSUCH:

Die Fragen:

1. *Wie hieß die Kräuterdompteurin?*
2. *Wo fand die Veranstaltung statt?*
3. *Wie hieß der Bürgermeister?*
4. *Wie hieß der Kulturreferent?*
5. *Wen hatte Lotta dressiert?*
6. *Wo war sie Tage zuvor aufgetreten?*
7. *Wie hieß das Etablissement?*
8. *Wer saß im Publikum?*
9. *Was schaffte der Bärlauch?*
10. *Warum fehlen einem dabei die Worte?*

Alle Fragen richtig beantwortet: Du bist ein heller Kopf!
6 Fragen richtig beantwortet: Du zeigst leichte Ausfälle.
4 Fragen richtig beantwortet: Du bist eine typische Halbwissende.
2 Fragen richtig beantwortet: Du lebst mit geistigem Notstrom.
Keine richtig beantwortet: Vergiss es. Tust du ja sowieso.

Woran du spürst, dass andere dich für fünfzig halten

„Wenn Sie meine Schularbeiten machen, schneid ich Ihnen die Hecke!"

Immer mehr reife Menschen

… nutzen das weltweite Netz, entweder zum Einkaufen oder zum Gedankenaustausch. Längst ist das Internet von ihnen entdeckt und – nach langwierigen Schulungen – für sie beherrschbar geworden. Als Ersatz (oder als Zusatz) für nachbarschaftlichen Heckenklatsch und Balkontratsch stehen die einschlägigen Sozialforen an Beliebtheit ganz oben. „Stuten VZ“, ein Forum für Frauen z. B., „Friend-Chips“, das Forum für knabberlustige Männer und „fiesbook“, dort, wo man mal ordentlich über alles ablästern kann, besonders über seine Freunde. Übel nehmen gilt nicht. Gilt auch im Internet. Ach, schauen wir doch mal kurz rein, okay?

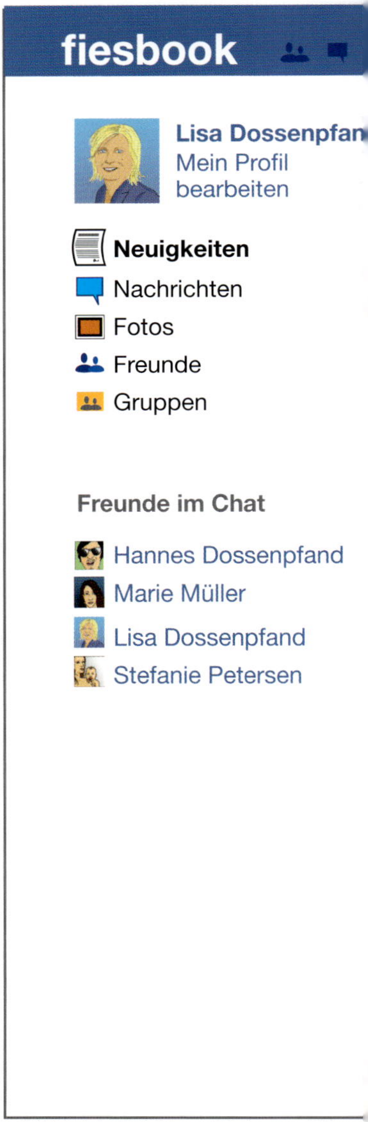

Start Profil Ausloggen

Neuigkeiten

Hauptmeldungen - Neueste Meldungen 100

as machst du gerade ?

Hannes Dossenpfand möchte gerne wissen, wie euch der Geburtstag seiner Mutter gefallen hat.

Heute um 18:12 Kommentieren Gefällt mir

Marie Müller das schönste war dein gedicht, hannes.

Heute um 19:01 - Gefällt mir

Lisa Dossenpfand welches gedicht? da war ich in der küche! aber dein opa konnte das auch.

Heute um 19:21 - Gefällt mir

Hannes Dossenpfand echt, meinst, echt? ich, der reimespecht? der gute hannes, ja, der kannes! Soll ich, droll ich? dein sohni, unten ohni!?

Heute um 19:39 - Gefällt mir

Stefanie Petersen stell mal einer den gossengoethe ab! hoffentlich wird mein sohn nicht so.

Heute um 19:21 - Gefällt mir

Schreibe einen Kommentar ...

Hannes Dossenpfand hat heute den Geist von Rudi Carrell gesehen …

Gestern um 12:12 Kommentieren Gefällt mir

Macht es mich sehr fünfzig?

Bring es auf den Pott!

Wie kann man der Gesellschaft besser sein biologisches Selbstwertgefühl demonstrieren als auf einem täglichen Gebrauchsgegenstand? Ob auf dem Frühstückstisch oder im Büro, im Wartezimmer oder im Stau, da schluckt der Betrachter im stillen Respekt. „Private Placement“ nennen das die Engländer – und die verstehen was vom Trinken.

In der Prämenophase neigt die Frau zu Panik

„Ist zufällig ein Arzt anwesend!!!???"

Wie hättest du's denn gerne?

Soll ein Ständchen für dich klingen?
Sollen dralle Frauen singen?
Sollen lieber Tänzer hupfen?
Soll ein Gast die Zither zupfen?

Soll Konfetti auf dich fallen?
Sollen Böller für dich knallen?
Soll man dich auf Schultern tragen?
Soll man dich in Marmor schlagen?

Soll man dich in Reimen preisen?
Soll ein Flugzeug dich umkreisen?
Sollen Boys aus Torten steigen?
Sollen alle höflich schweigen?

Soll man Trommler engagieren?
Soll Domingo dirigieren?
Sollen Clowns Grimassen schneiden?
Nun, du solltest dich entscheiden.

Der Hund

Ich wollte heute nur zu dir,
mit Blumen groß und bunt,
doch als ich um die Ecke kam,
da war da dieser Hund.

In meinen Armen schleppte ich
Geschenke schwer an Pfund,
doch als ich vor der Türe stand,
da war da dieser Hund.

Die schönsten Worte formte ich,
voll Liebe warm und rund,
doch als ich grad zur Klinke griff,
da war da dieser Hund.

Ich bin dann lieber umgekehrt,
du kennst ja wohl den Grund?
Ich denke mal, du brauchst nichts mehr,
du hast ja deinen Hund.

Ich verstehe jede Frau,
die einmal auf den Mond möchte.
Dort soll es einen Mann geben.
Jeanne Moreau
BUTSCHKOW

Wie antworte ich auf Kontaktanzeigen?

Eines der originellsten Geschenke, das man sich selber machen kann, ist ein neuer Partner, immer vorausgesetzt, man ist mit dem alten nicht mehr zufrieden. Als traditionelle Suchmaschine haben sich die guten alten, gedruckten Kontaktanzeigen immer noch am besten bewährt, man findet sie im Annonceteil jeder guten Zeitung, die mit Menschenhandel nebenbei Geld verdient. Aber wie antwortet man auf solche, oftmals eigenwilligen Selbstdarstellungen und Wünsche? Anhand der folgenden Beispiele – alle im Originaltext aus dem bundesdeutschen Blätterwald – wollen wir dich mit passenden Antwortvorschlägen inspirieren und trainieren.

Anzeige:

Humorvoller Schütze 52/178 sucht eine einfache, vollbusige Frau mit weiblicher Figur. Bin treu, romantisch, liebe Natur und Tiere und koche sehr gerne. Ruf mich an.

Gute Antwort:

Mein Sohn! Du suchst eine Mutti? Mit der du treu am Lagerfeuer die Tiere der Natur brutzeln kannst? Dann bist du bei mir falsch. Das schreibt dir Ilona von den Bissigen Furien. (www.bissigefurien.de)

Anzeige:

Ob Affäre oder einmaliger Treff oder mehr, das wird sich zeigen. Niveauvoller, unkomplizierter Mann, NR, im reifen Alter von 50, mag Tanz-lach-lieben-reisen-Wellness. Du auch? Dann melde dich! Gern fraulich.

Gute Antwort:

Den-ganzen-langen-lieben-Tag-plumpe-Kontaktanzeigen-Schreiber! Was willst du mir zeigen? Deine Affären-Sammelmappe? Ganz unkompliziert, gern giftig, nie die Deine.

Anzeige:

Netter Ferrari Baujahr 1959, 175 cm groß, sportlich (Fußball) sucht Kurven zum Verlieben. Ich freue mich auf deine Antwort.

Gute Antwort:

Die kannst du haben, du Zylinderkopf! Schau doch mal auf den Schrottplätzen nach, vielleicht ist da für dich was dabei? Dann könnt ihr auch eine Einfamiliengarage bauen und vor dem Fahrer die Nürburgringe tauschen. Gute Fahrt!

Anzeige:

Treuer Kuschelbär, 50 Jahre, dunkle Augen, sucht treue, süße Sie zwischen 40 und 55 Jahren. Kind kein Problem. Über eine Nachricht würde ich mich freuen.

Gute Antwort:

Lieber Bär! Ich, Zoodirektorin Frau Dr. Käffich vom Duisburger Zoo, 50/172, dunkelblond und blaue Augen, biete dir mein Freigehege an, in dem du artgerecht leben kannst. Regelmäßige Fütterung und Pflege inbegriffen. Ein solider Kratzbaum gehört dazu.

Anzeige:

Arbeit ist nicht alles! Er, 50, 179 cm, schlank. Kinder- und tierlieb mit Familienwunsch sucht attraktive Sie mit gleichen Attributen.

Gute Antwort:

Bello! Warum hast du nicht gleich geschrieben: Fauler Hund sucht faule Hündin? Nur, wovon sollen wir unsere zukünftigen Kinder ernähren, wenn nicht mit Nahrung? Und die, mein Kaltnäschen, muss man bezahlen. Und dafür, mein Schnuffelschwanz, musst du arbeiten! Geht das in dein faules Köpfchen? Und nun: Mach Platz!

Muss Mama denn mit fünfzig so die Piste runterheizen?
Die fährt mehr als fünfzig!
BUTSCHKOW

Was du jetzt tun solltest

- Flokati verbrennen
- Emma kündigen
- Yogakurs
- Alles gestehen
- Mit Fältchen versöhnen
- Jugendliebe vergessen
- Nordic Walking
- Chatroom putzen

Was du jetzt lassen solltest

- „Dr. Sommer“ schreiben
- Deine Kinder bevormunden
- Auf Nachricht aus Hollywood warten
- Spinnen erschrecken
- Kinderwunsch von Peter Maffay
- Zu kurze Röcke
- Waage verleumden
- An Schimanski glauben

Neue Prioritäten

„Naaa? Glücklich mit deiner neuen TV-Warmhalte-Kollektion?"

Was warst du einst in deinem früheren Leben?

Du bis als sechste Tochter des Fährmannes Gonther Teerhagen im 18. Jahrhundert in Köln am linken Rheinufer geboren und kurz danach mit deiner Familie nach Amerika ausgewandert. Dort übernahm dein Vater eine Mississippi-Fähre und gründete in New Orleans den Verein der Freunde der trockenen Überfahrt. Nach dem Tod deines Vaters hast du die Fähre übernommen und dich bei einer Personenverbringung von Ufer zu Ufer in den Hosenfabrikanten Janz-Froseph Strautz verliebt. Mit ihm bist du nach Baltimore geritten. Auf dem Weg dahin wurdet ihr von einem Prediger getraut und von ihm eures Geldes beraubt. Auf der Flucht erschoss er deinen Mann und du dafür ihn. Nun gehörte dir die Firma Strautz-Hosen, die du in kürzester Zeit zu einem Mode-Imperium aufgebaut hast. In deinen Läden konnte man zusätzlich Butter und Benzin kaufen. Die Geschäftsidee wurde vom chinesischen Kaffeefilterer Tschi Bo kopiert und zu Gold gemacht. Bis kurz vor deinem Tod hast du darüber noch den Kopf geschüttelt.

Bestandsaufnahme

Jetzt ist der Moment in deinem Leben gekommen, um eine ganz persönliche Bilanz zu ziehen. Da der Mensch sich aber gerne vor sich selber wegduckt, wollen wir dir mit diesem Feeling-Finder, streng nach dem System des amerikanischen Soul-Scouts Heather McClearbrain, eine Brücke zu dir selbst bauen. So findest du an der Schwelle zum nächsten Lebensjahrzehnt einen Überblick über deine Befindlichkeiten. Lass einfach das Ergebnis auf dich wirken, mehr kannst du nicht von dir verlangen.

Was habe ich?

- [ ] Schöne Teetassen
- [ ] Feine Nase
- [ ] Super Freundinnen
- [ ] Glückssträhnchen
- [ ] Zu wenig Kleider
- [ ] Fernweh
- [ ] Meine Brigitte

Was möchte ich?

- [ ] Männer verstehen
- [ ] Dummheiten machen
- [ ] Kinderbuch malen
- [ ] Gondeln in Venedig
- [ ] Ein Wal sein
- [ ] Längere Beine
- [ ] George Clooneys Handynummer

Was ärgert mich?

- [ ] Diäten
- [ ] Männergase
- [ ] Stress
- [ ] Zu kleine Kissen
- [ ] Kalte Füße
- [ ] Vergessener Hochzeitstag
- [ ] Einparken

Was mag ich?

- [ ] Duftkerzen
- [ ] Liebe
- [ ] Kuschelkatzen
- [ ] Vorgeheizter Bademantel
- [ ] Warme Männerhände
- [ ] Strandtaugliches Buch
- [ ] Blumensprache

Mit den Jahren weißt du, wie man ihnen begegnet.

Es gibt keine
Liebe zum Leben
ohne Verzweiflung
am Leben.

Albert Camus

Was liegt auf dem Geburtstagstisch ...

... von Punk-Oma

Nina Hagen?

Ufo-Card 50%

Fratzenschneider

Gutschein für Kosmetik-Großmarkt

Labertasche

Oralfilter

... von Lachsack

Cindy aus Marzahn?

Diät-Kochbuch

Color-Waschmittel

Gähntest

Rosen von Mario Barth

One-Way-Ticket zum Mond

... von Goldlöckchen

Thomas Gottschalk?

Tempotaschentücher XXXL

Modekatalog „Bad Taste“

Lockenstab

James-Blond-Film

Bettwäschegarnitur „Goldbärchen“

... von Uckermagd

Angela Merkel?

Mundwinkel-Lift

Büste von Helmut Kohl

Blazerkapelle

Kanzler-Trabi

Physikbaukasten

... von Castinghenkerin

Heidi Klum?

Gutschein für Dramarturgie-Kurs

Klamottenpulver

Fotoband „Promibetten“

Laufknochen

Topfmodel in Edelstahl

... von Kleiderstange

Karl Lagerfeld?

Quasselstrippe

Kettenöl

Schneidersitz

Lederhandschuhe, ganz

Pferdeschwanzbürste

Der Kuss

Ein Beleg dafür, dass der Mensch das höchstentwickelte Wesen auf Erden ist, ist der Kuss. Sicher gibt es unter den Tieren auch Formen des körperlichen Gefühlsaustausches, so vermag der Schimpanse sehr wohl seine mächtigen Lippen so zu formen, dass man meinen könnte, er sei nur zum Küssen auf die Welt gekommen, aber in Wirklichkeit macht er nur den Affen.

Der Kuss, so schrieb der australische Knutschologe Kissyou Hot, ist die intimste Botschaft der Zuneigung zwischen den Menschen, gleich welchen Geschlechts, und speist sich aus tiefer, emotionaler Substanz. Da ist selbst sein Missbrauch durch modische Begrüßungs- bzw. Abschiedsprogramme, also die entartete Form des Luftküssens („Bussi-Bussi!", „Tschaui, Tschaui!"), seiner ursprünglichen Bedeutung nicht abträglich. Küsse haben in der Geschichte der Menschheit Eheschließungen gekrönt, Freundschaften geschlossen, Verträge besiegelt oder Amtspersonen bestochen. Aber dieser besondere Kontakt zweier Lippen mit Fremdhaut, in der chinesischen Medizin auch als Oralpressur bekannt, wird doch ewig und für alle Zeiten seine herausragende Bedeutung als primäres Zuneigungsritual bewahren. Die nachweislich große und heilsame Wirkung dieser kleinen Berührung wird natürlich bis heute von den Krankenkassen nicht anerkannt. Der/die zuständige Sachbearbeiter/in soll uns nur mal vor die Lippen kommen!

Geburtstags-Horoskop

Husch ist der Tag vorbei.
Lass dich ein. Krümel auf
dem Sofa sagen dir etwas.
Ganz lieb kommt jemand auf
dich zu. Pass auf den Hund auf.
Elektrische Geschenke gleich
anmelden. Vorsicht vor alten
Seilschaften. Neigung zu
Verspannungen. Häng dich
nicht in fremde Probleme.
Erzähl von deinen. Egal, wer
noch zuhört. Genieß ungewöhnliche
Zuwendungen. Eine Vorführung
führt dich vor. Lach ruhig.
Alles in allem, ja.
Schön, dass du dabei warst.

„Naaa? Wie gefällt dir dein Geburtstagsgeschenk?"

„Wenigstens an meinem Geburtstag darf ich doch wohl mal im geschlossenen Zelt rauchen!?"

Wirkliche
Eleganz heißt,
in Rufweite
hinter der Mode
zu bleiben.

Was tut sich heute sonst noch?

Die Morgenröte küsst die Magd,
im Bahnhof ist Getümmel,
der Lehrer nach dem Aufsatz fragt,
der Koch vermisst den Kümmel.

Im Hafen läuft der Tanker aus,
die Hausfrau wäscht die Socken,
der Kammerjäger fängt die Laus,
die Spieler sind am Zocken.

Der Zeitungsbote geht ins Bett,
der Tischler sägt die Bretter,
der Frittenmacher steht im Fett,
die Nichte küsst den Vetter.

Die Notdurft stürzt ins dunkle Rohr,
die Marktfrau schreibt die Preise,
im Pfarrhaus probt der Kirchenchor,
der Pfleger zählt die Greise.

Der Urlaubsflieger rollt zum Start,
die Hausfrau wischt den Boden,
der Trainer macht die Muskeln hart,
der Hund leckt sich die Hoden.

Der Habicht sich die Feldmaus packt,
der Maler wäscht die Pinsel,
der Künstler malt die Dame nackt
der Segler sucht die Insel.

Der Tester schleckt am roten Wein,
die Katze putzt die Pfoten,
im Stall da quiekt ein dickes Schwein,
der Sänger quält die Noten.

Und du bist heute aufgeregt,
denn du wirst fünfzig Jahre,
drum bist du auch gut aufgelegt,
nur - kämm dir mal die Haare!

GEGEN
SCHLECHTE
LAUNE
HELFEN SCHON

100 Gramm
Konfetti.

Peter Butschkow

hat selber auch schon einige Geburtstage auf seinem Lebensweg genossen und fühlte sich dadurch berufen, der richtige Mann am richtigen Buch zu sein und all seine Erfahrungen in dieses einfließen zu lassen, wobei ihm die Freude am Zeichnen und Schreiben sowie der manische Herzenswunsch, anderen Geburtstagskindern damit ein Humorgeschenk zu machen, die größte Motivation war.

Also: Herzlichen Glückwunsch zum 50sten Geburtstag!
Powered by Peter Butschkow!

Postfach 3407 · 26024 Oldenburg
Grafik Seite 28/29: Eddy Hohf
www.lappan.de

Gesamtherstellung:
LEGO S.p.A., Vicenza · Printed in Italy
ISBN 978-3-8303-4213-7

Der Lappan Verlag ist ein Unternehmen der Verlagsgruppe Ueberreuter, Wien.

Die Geburtstagsbücher

Für tolle Frauen und für tolle Männer

ISBN 978-3-8303-4211-3

ISBN 978-3-8303-4212-0

ISBN 978-3-8303-4216-8

ISBN 978-3-8303-4217-5

ISBN 978-3-8303-4213-7

ISBN 978-3-8303-4214-4

ISBN 978-3-8303-4218-2

ISBN 978-3-8303-4219-9

ISBN 978-3-8303-4215-1

Bücher, die Spaß bringen!

www.lappan.de

ISBN 978-3-8303-4220-5